65535403R00057

Made in the USA
Middletown, DE
28 February 2018